Impressum
Verlag: BABADADA GmbH, Nedderfeld 112 , 22529 Hamburg
Geschäftsführer / Verlagsleitung: Harald Hof
Druck: Books on Demand GmbH, In de Tarpen 42, 22848 Norderstedt

Imprint
Publisher: BABADADA GmbH, Nedderfeld 112 , 22529 Hamburg, Germany
Managing Director / Publishing direction: Harald Hof
Print: Books on Demand GmbH, In de Tarpen 42, 22848 Norderstedt

el colegio
المدرسة

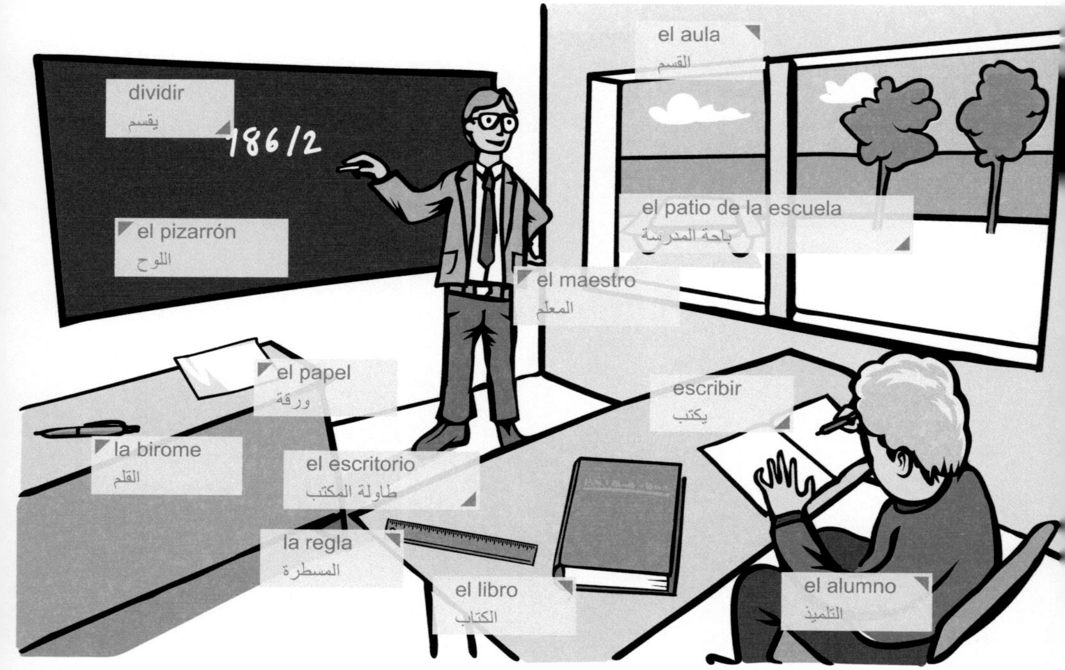
el aula
القسم
dividir
يقسم
186/2
el pizarrón
اللوح
el patio de la escuela
باحة المدرسة
el maestro
المعلم
el papel
ورقة
escribir
يكتب
la birome
القلم
el escritorio
طاولة المكتب
la regla
المسطرة
el libro
الكتاب
el alumno
التلميذ

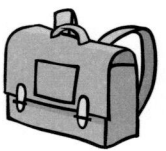

la mochila
الحقيبة المدرسية

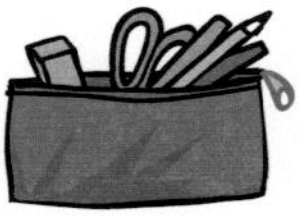

la caja de lápices
المقلمة

el lápiz
قلم الرصاص

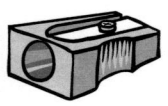

el sacapuntas
البرّاية

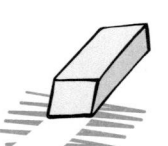

la goma (de borrar)
المِمحاة

el bloc de dibujo
دفتر الرسم

el dibujo

الرسمة

el pincel

الفرشاة

la caja de pinturas

علبة التلوين

la tijera

المقص

el pegamento

المادة اللاصقة

el cuaderno de ejercicios

دفتر التمارين

la tarea

الواجب المدرسي

el número

الرقم

sumar

يجمع

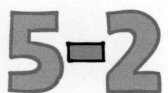

restar

يطرح

multiplicar

يضرب

calcular

يحسب

la letra

الحرف

el abecedario

الأبجدية

la palabra

كلمة

el texto

النص

leer

يقرأ

la tiza

الطبشور

la lección

الحصة

el cuaderno de clase

دفتر الدوام المدرسي

el examen

الامتحان

el certificado

شهادة

el uniforme escolar

اللباس المدرسي

la educación

التعليم

la enciclopedia

الموسوعة

la universidad

الجامعة

el microscopio

المجهر

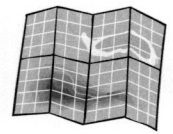

el mapa

الخريطة

el tacho (de basura)

قماما

el viaje
سفر

Grand
el hotel
فندق
el hostel
بيت الشباب
ROOMS
la casa de cambio
مكتب صرافة
EXCHANGE
la valija
حقيبة
el auto
سيارة

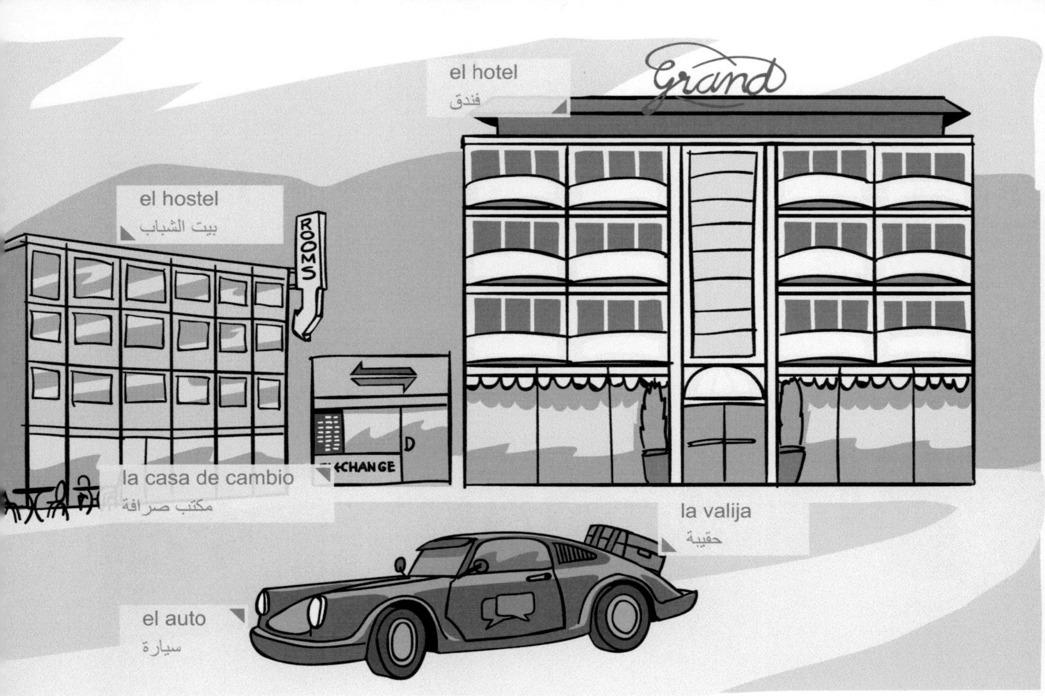

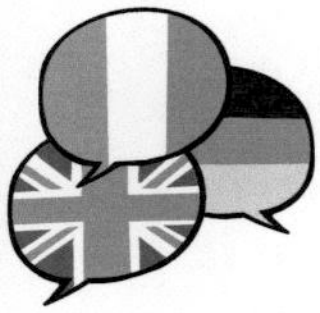

el idioma

اللغة

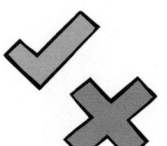

sí / no

نعم / لا

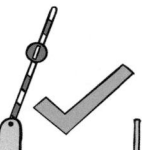

Está bien

حسناً

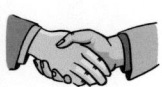

hola

مرحباً

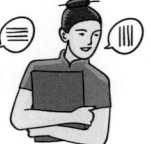

el traductor

مترجم

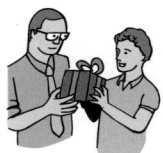

Gracias

شكراً

¿cuánto cuesta…?

كم ثمن ... ؟

No entiendo

لا أفهم

el problema

مشكلة

¡Buenas tardes!

مساء الخير

¡Buenos días!

صباح الخير!

¡Buenas noches!

ليلة سعيدة

el adiós

إلى اللقاء

la dirección

اتجاه

el equipaje

أمتعة السفر

el bolso

حقيبة

la mochila

حقيبة ظهر

el invitado

ضيف

la habitación

غرفة

la bolsa de dormir

كيس للنوم

la carpa

خيمة

el viaje - سفر

la información turística

استعلامات سياحية

la playa

شاطئ

la tarjeta de crédito

بطاقة ائتمان

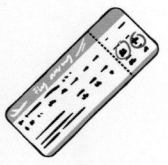

el desayuno

إفطار

el almuerzo

طعام الغداء

la cena

العشاء

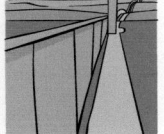

el pasaje

بطاقة سفر

el ascensor

مصعد

el sello

طابع بريدي

la frontera

حدود

la aduana

الجمارك

la embajada

سفارة

la visa

تأشيرة

el pasaporte

جواز سفر

el transporte

نقل

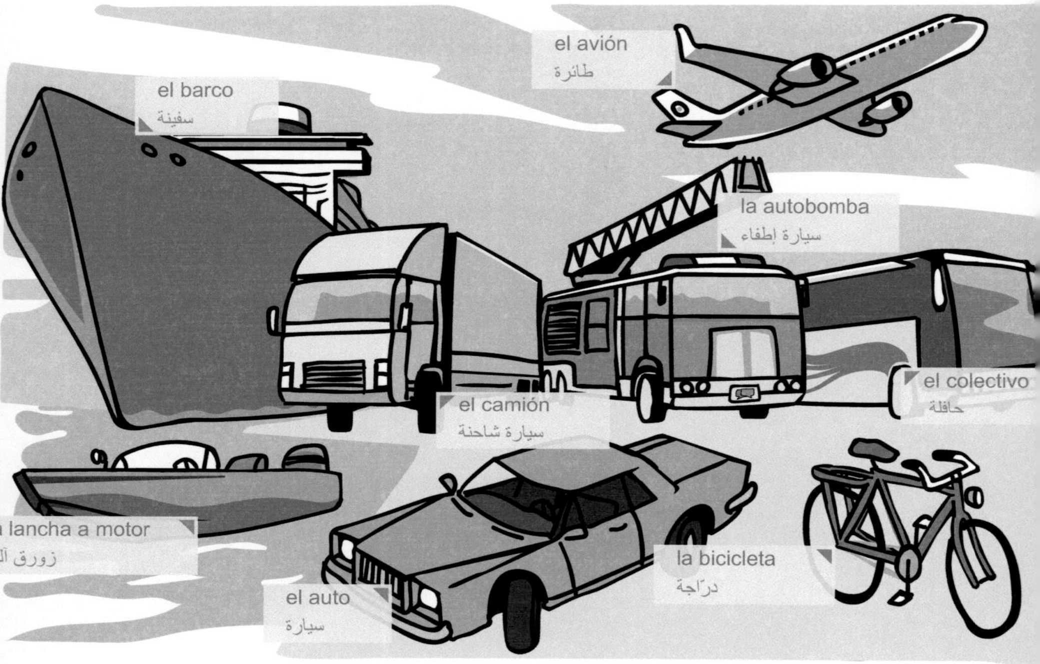

el avión
طائرة

el barco
سفينة

la autobomba
سيارة إطفاء

el colectivo
حافلة

el camión
سيارة شاحنة

la lancha a motor
زورق آلي

el auto
سيارة

la bicicleta
درّاجة

el ferry

عبارة

el bote

قارب

la moto

دراجة نارية

el patrullero

سيارة شرطة

el auto de carreras

سيارة سباق

el auto de alquiler

سيارة مستأجرة

el alquiler de autos

أسلوب تشاركي في استئجار السيارات

la grúa

سيارة للجر

el camión de la basura

سيارة نقل القمامة

el motor

محرك

la nafta

وقود

la estación de servicio

محطة وقود

la señal de tránsito

إشارة مرور

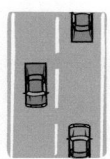

el tránsito

حركة السير

el embotellamiento

ازدحام سير

el estacionamiento

موقف سيارات

la estación de tren

محطة قطار

las vías

سكك حديدية

el tren

قطار

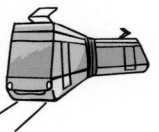

el tranvía

ترام

el vagón

عربة قطار

el helicóptero

طائرة مروحية

el aeropuerto

مطار

la torre

برج

el pasajero

مسافر

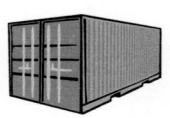

el contenedor

حاوية

la caja de cartón

علبة كرتون

la carretilla

عربة يد

la canasta

سلة

despegar / aterrizar

يقلع / يهبط

la ciudad

مدينة

el pueblo

قرية

el centro de la ciudad

مركز المدينة

la casa

بيت

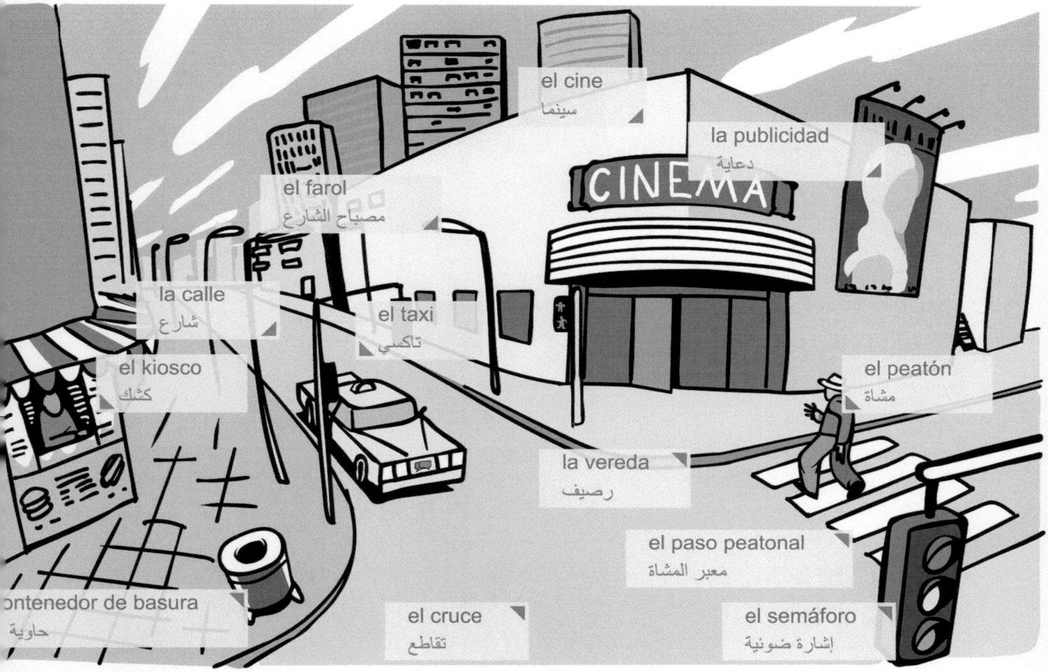

el cine
سينما
la publicidad
دعاية
CINEMA
el farol
مصباح الشارع
la calle
شارع
el taxi
تاكسي
el kiosco
كشك
el peatón
مشاة
la vereda
رصيف
el paso peatonal
معبر المشاة
ontenedor de basura
حاوية
el cruce
تقاطع
el semáforo
إشارة ضوئية

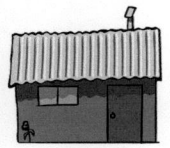

la cabaña

كوخ

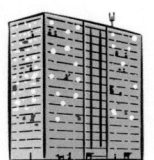

el departamento

شقة

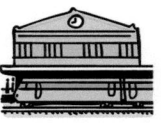

la estación de tren

محطة قطار

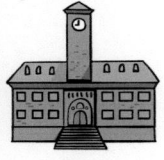

la municipalidad

دار البلدية

MUSEUM

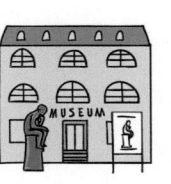

el museo

متحف

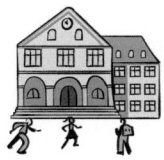

el colegio

المدرسة

la universidad

الجامعة

el banco

مصرف

el hospital

المستشفى

el hotel

فندق

la farmacia

صيدلية

la oficina

مكتب

la librería

مكتبة

el negocio

متجر

la florería

محل لبيع الزهور

el supermercado

سوبرماركت

el mercado

سوق

las grandes tiendas

متجر كبير

la pescadería

تاجر السمك

el centro comercial

مركز تسوّق

el puerto

ميناء

el parque

حديقة عامة

el banco

مقعد

el puente

جسر

las escaleras

درج، سلم

el subte

مترو

el túnel

نفق

la parada del colectivo

موقف حافلات

el bar

بار

el restaurante

مطعم

el buzón

صندوق البريد

el letrero

لافتة باسم الشارع

el parquímetro

مقياس زمن الوقوف

el zoológico

حديقة حيوانات

la pileta

مسبح

la mezquita

مسجد

la granja

مزرعة

la contaminación

تلوث البيئة

el cementerio

مقبرة

la iglesia

كنيسة

los juegos infantiles

ملعب الأطفال

el templo

معبد

el paisaje

طبيعة ريفية

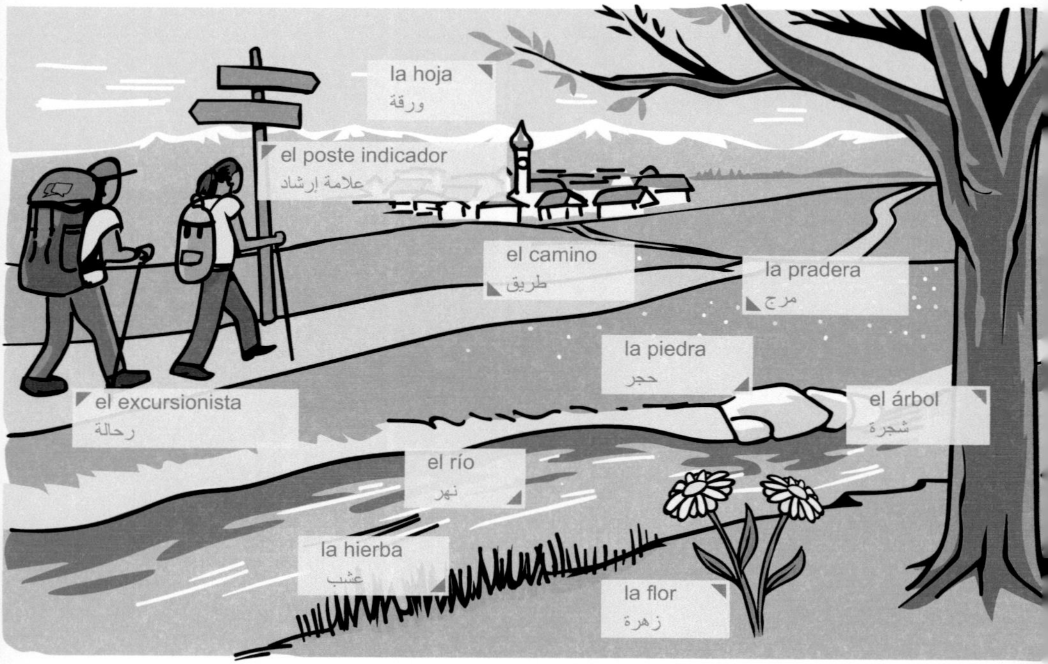

la hoja

ورقة

el poste indicador

علامة إرشاد

el camino

طريق

la pradera

مرج

la piedra

حجر

el excursionista

رحالة

el árbol

شجرة

el río

نهر

la hierba

عشب

la flor

زهرة

el valle

وادٍ

la montaña

جبل

el lago

بحيرة

el bosque

غابة

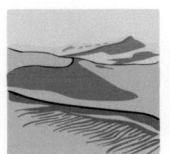

el desierto

صحراء

el volcán

بركان

el castillo

قلعة

el arco iris

قوس قزح

el champiñón

فطر

la palmera

نخلة

el mosquito

بعوض

la mosca

ذبّانة

la hormiga

نملة

la abeja

نحلة

la araña

عنكبوت

el escarabajo

خنفساء

la rana

ضفدعة

la ardilla

سنجاب

el erizo

قنفذ

la liebre

أرنب

la lechuza

بومة

el pájaro

عصفور

el cisne

بجعة

el jabalí

خنزير برّي

el ciervo

غزال

el alce

إلكة

la presa

سد

el aerogenerador

دولاب الطاحونة الهوائية

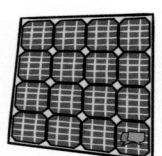

el panel solar

خلية شمسية

el clima

مناخ

el restaurante
مطعم

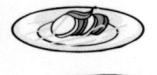

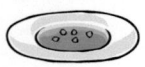

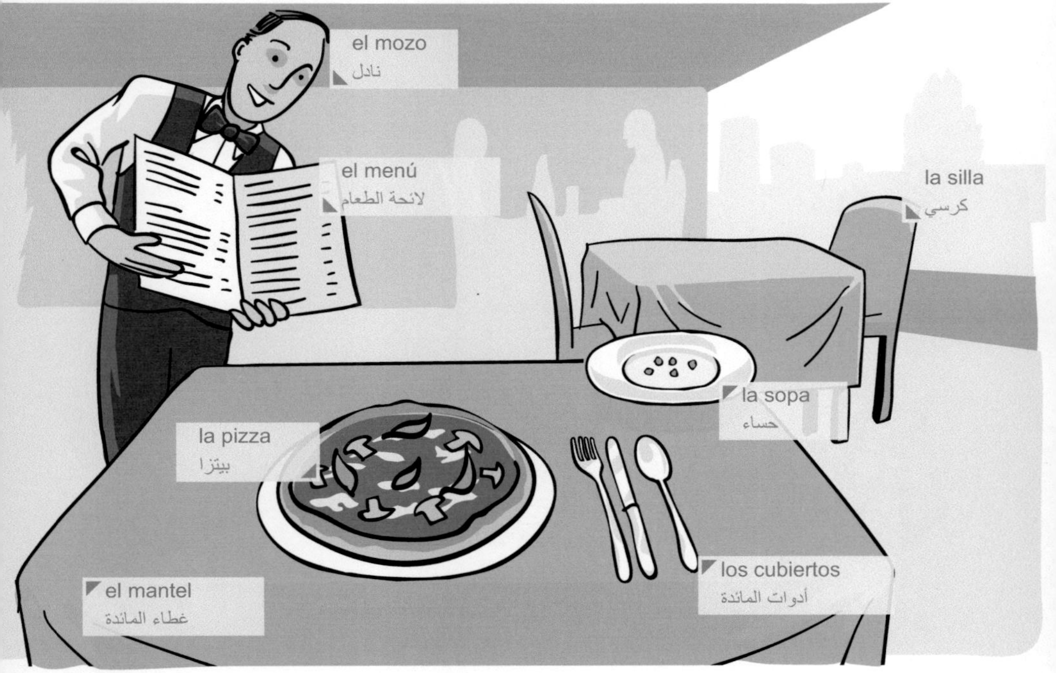

el mozo
نادل
el menú
لائحة الطعام
la silla
كرسي
la sopa
حساء
la pizza
بيتزا
los cubiertos
أدوات المائدة
el mantel
غطاء المائدة

la entrada
مقبلات

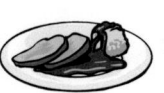

el plato principal
الصحن الرئيسي

el postre
حلوى أو فاكهة بعد الطعام

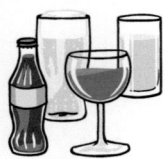

las bebidas
مشروبات

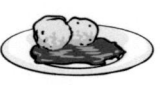

la comida
طعام

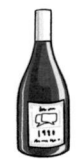

la botella
زجاجة

la comida rápida

وجبات سريعة

la comida callejera

طعام الشارع

la tetera

إبريق الشاي

la azucarera

علبة السكر

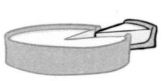

la porción

حصّة

la cafetera expreso

آلة الإسبريسو

la sillita alta

كرسي عالٍ

la cuenta

فاتورة

la bandeja

صينية

el cuchillo

سكين

el tenedor

شوكة

la cuchara

ملعقة

la cucharita

ملعقة الشاي

la servilleta

منديل المائدة

el vaso

كأس

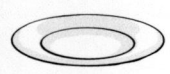

el plato

صحن

el plato hondo

صحن الحساء

el plato

صحن الفنجان

la salsa

صلصة

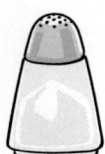

el salero

مملحة

el molinillo de pimienta

مطحنة الفلفل

el vinagre

خلّ

el aceite

زيت الطعام

las especias

توابل

el kétchup

كتشاب

la mostaza

خردل

la mayonesa

مايونيز

el supermercado

سوبرماركت

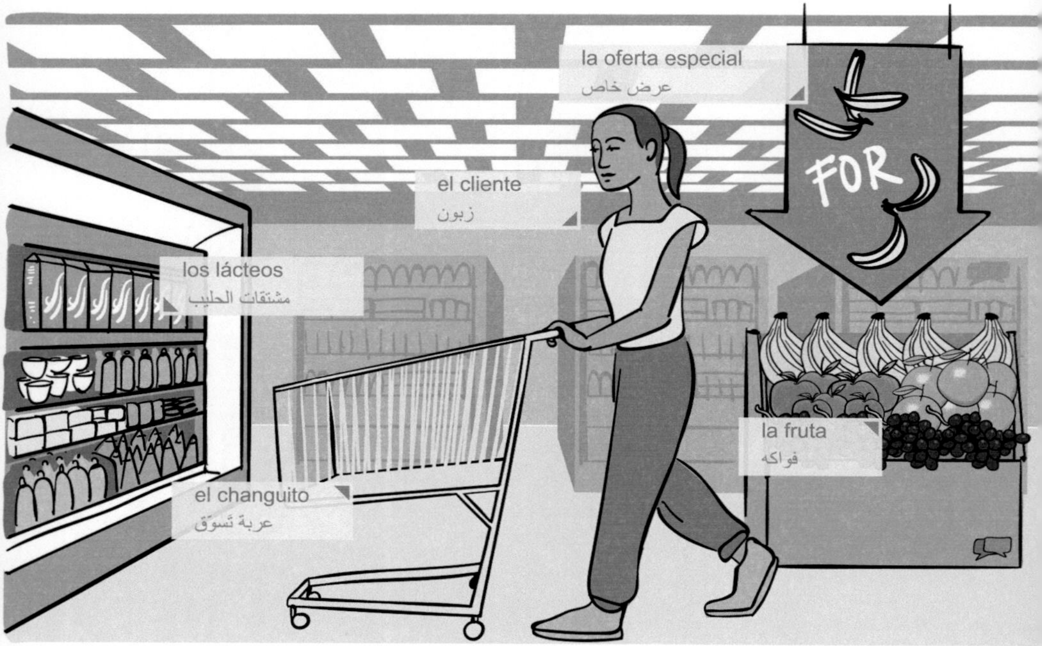

la oferta especial
عرض خاص
FOR
el cliente
زبون
los lácteos
مشتقات الحليب
la fruta
فواكه
el changuito
عربة تسوّق

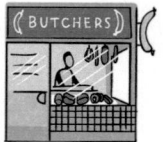

BUTCHERS

la carniceria

جزّار

BAKERY

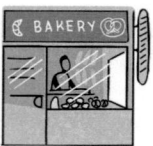

la panadería

مخبز

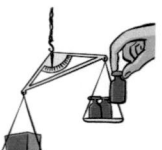

pesar

يزن

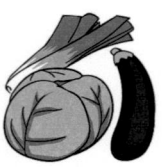

las verduras

خضار

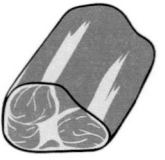

la carne

لحم

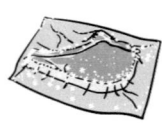

los alimentos congelados

المأكولات المجمّدة

los fiambres

مرتدلا أو جبن

los alimentos enlatados

معلّبات

el detergente en polvo

مسحوق الغسيل

las golosinas

حلويات

los electrodomésticos

المواد المنزلية

los productos de limpieza

منظفات

la vendedora

بائعة

la caja

صندوق الحساب

el cajero

أمين صندوق

la lista de compras

قائمة المشتريات

el horario de atención

أوقات العمل

la billetera

محفظة النقود

la tarjeta de crédito

بطاقة ائتمان

la cartera

حقيبة

la bolsa de plástico

كيس بلاستيكي

el agua

ماء

el jugo

عصير

la leche

حليب

la bebida cola

كولا

el vino

نبيذ

la cerveza

بيرة

el alcohol

كحول

el cacao

كاكاو

el té

شاي

el café

قهوة

el café expreso

قهوة إسبريسو

el cappuccino

كابوتشينو

la banana

موزة

la manzana

تفاح

la naranja

برتقال

el melón

بطيخ

el limón

ليمون

la zanahoria

جزرة

el ajo

ثوم

el bambú

خيزران

la cebolla

بصل

el champiñón

فطر

las nueces

لوزيات

los fideos

شعيرية

los tallarines

سباغيتي

el arroz

أرزّ

la ensalada

سلطة

las papas fritas

بطاطا مقلية

las papas fritas

بطاطا مقلية

la pizza

بيتزا

la hamburguesa

هامبورغر

el sándwich

ساندويش

el churrasco

شريحة لحم مقلية

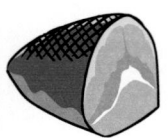

el jamón

لحم خنزير

el salame

سلامي

la salchicha

سجق

el pollo

دجاج

el asado

لحم محمر

el pescado

سمك

los copos de avena

دقيق الشوفان

el muesli

موسلي

los copos de maíz

كورن فلكس

la harina

طحين

la medialuna

كرواسان

el pancito

خبز صغير

el pan

خبز

la tostada

خبز محمص

las galletitas

بسكويت

la manteca

زبدة

la cuajada

لبن زبادي

la torta

كعكة

el huevo

بيضة

el huevo frito

بيض مقلي

el queso

جينة

el helado

مثلجات

el azúcar

سكر

la miel

عسل

la mermelada

مربّى الفاكهة

la pasta de chocolate

كريم النوغا

el curry

الكاري

la comida - طعام

la granja
مزرعة

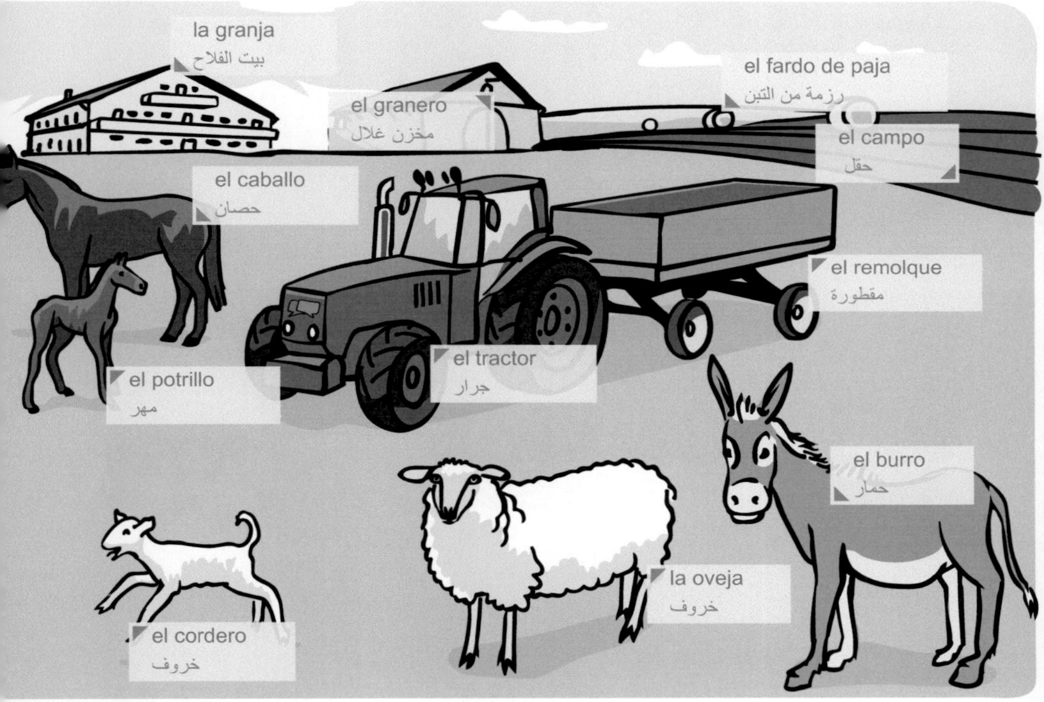
la granja
بيت الفلاح
el granero
مخزن غلال
el fardo de paja
رزمة من التبن
el campo
حقل
el caballo
حصان
el remolque
مقطورة
el tractor
جرار
el potrillo
مهر
el burro
حمار
la oveja
خروف
el cordero
خروف

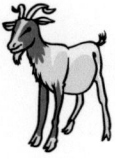

la cabra

ماعز

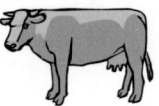

la vaca

بقرة

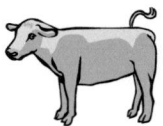

el ternero

عجل

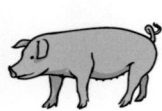

el cerdo

خنزير

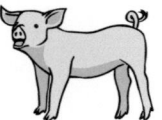

el lechón

خنزير صغير

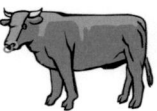

el toro

ثور

el ganso

إوزّة

el pato

بطة

el pollo

صوص

la gallina

دجاجة

el gallo

ديك

la rata

جرذ

el gato

قطّة

el ratón

فأر

el buey

ثور

el perro

كلب

la cucha

كوخ الكلب

la manguera

خرطوم الحديقة

la regadera

إبريق

la guadaña

منجل

el arado

المحراث

la hoz

منجل

la azada

معزقة

la horquilla

مذراة الزبل

el hacha

بلطة

la carretilla

عربة يد

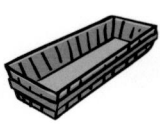

el abrevadero

معلف

la lechera

صفيحة الحليب

la bolsa

كيس

la reja

سياج

el establo

اصطبل

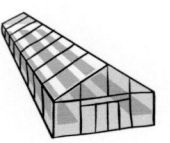

el invernadero

دفيئة

el suelo

تربة

la semilla

بذور

el fertilizador

سماد

la cosechadora

حصّادة درّاسة

cosechar

يحصد

la cosecha

محصول

las batatas

بطاطا يامس

el trigo

قمح

la soja

صويا

la papa

بطاطا

el maíz

ذرة

la semilla de colza

سلجم

el árbol frutal

شجرة فاكهة

la mandioca

نبات منيهوت

los cereales

الحبوب

la casa

بيت

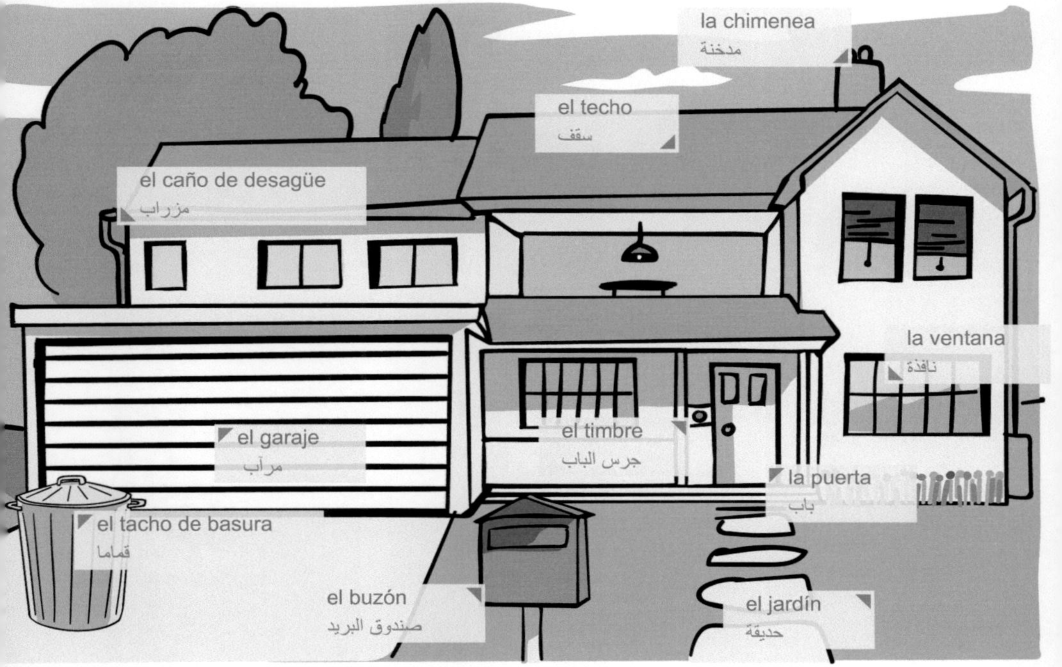

la chimenea
مدخنة
el techo
سقف
el caño de desagüe
مزراب
la ventana
نافذة
el timbre
جرس الباب
el garaje
مرآب
la puerta
باب
el tacho de basura
قماما
el buzón
صندوق البريد
el jardín
حديقة

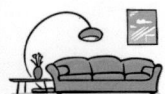

el living
غرفة جلوس

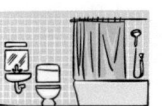

el baño
الحمّام

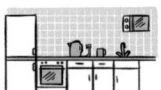

la cocina
مطبخ

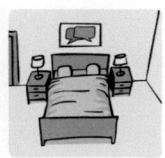

el dormitorio
غرفة النوم

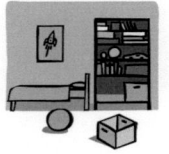

el cuarto de los chicos
غرفة الأطفال

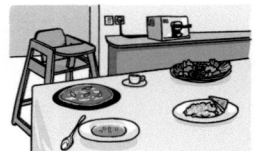

el comedor
غرفة الطعام

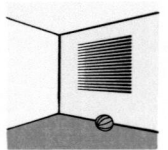

el piso

أرضية

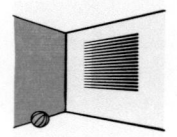

la pared

حائط

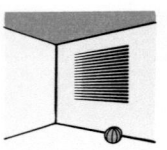

el cielorraso

سقف

el sótano

قبو

el sauna

ساونا

el balcón

بلكون

la terraza

شرفة

la pileta

مسبح

la cortadora de pasto

جزّازة العشب

la sábana

بياضات السرير

el acolchado

بطانية

la cama

سرير

la escoba

مكنسة

el balde

سطل

el interruptor

مفتاح كهربائي

el living
غرفة جلوس

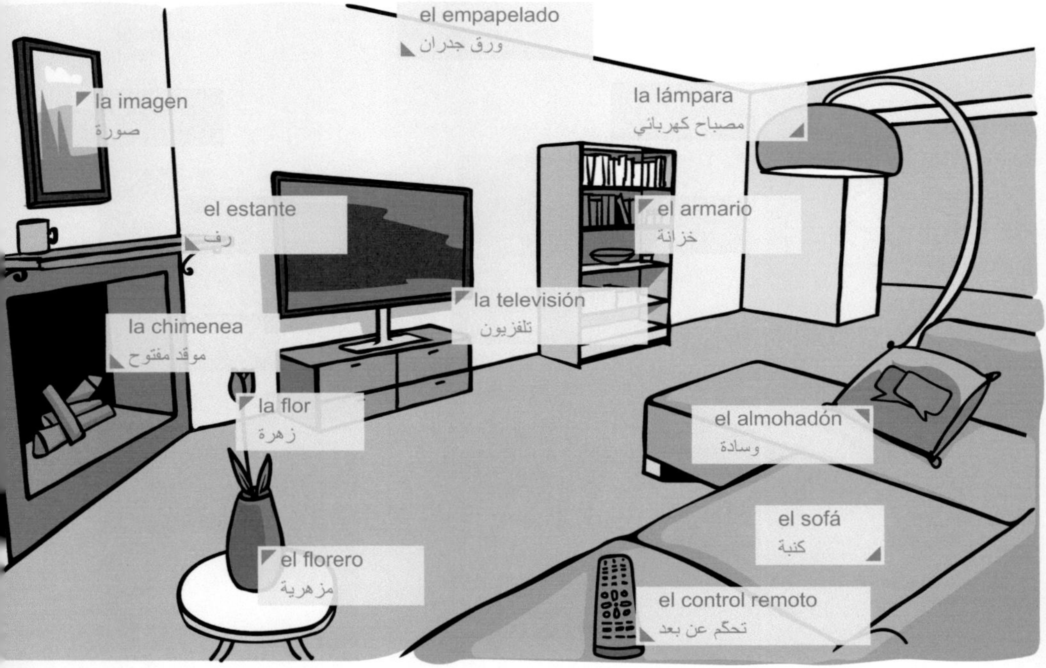

el empapelado
ورق جدران
la imagen
صورة
la lámpara
مصباح كهربائي
el estante
رف
el armario
خزانة
la televisión
تلفزيون
la chimenea
موقد مفتوح
la flor
زهرة
el almohadón
وسادة
el sofá
كنبة
el florero
مزهرية
el control remoto
تحكم عن بعد

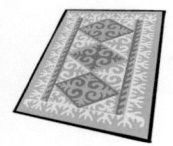

la alfombra

بصاط

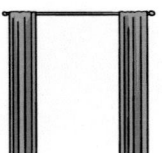

la cortina

ستارة

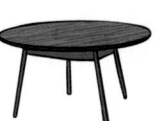

la mesa

طاولة

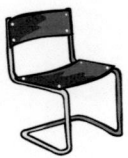

la silla

كرسي

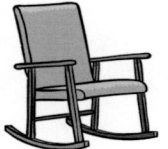

la mecedora

كرسي هزّاز

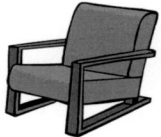

el sillón

كرسي ذو ذراعين

el libro

الكتاب

la frazada

بطانية

la decoración

زخرفة

la leña

الحطب

la película

فيلم

el equipo de música

تجهيزات ستيريو

la llave

مفتاح

el diario

جريدة

la pintura

لوحة مرسومة

el póster

مُلصق

la radio

راديو

el cuaderno

دفتر ملاحظات

la aspiradora

المكنسة الكهربائية

el cactus

صبّار

la vela

شمعة

la cocina
مطبخ

la heladera
برّاد
el microondas
ميكروويف
la balanza de cocina
ميزان المطبخ
la tostadora
محمصة الخبز
el detergente
منظفات
el horno
فرن
el freezer
ثلاجة
el tacho de basura
قماما
el lavaplatos
جَلاية

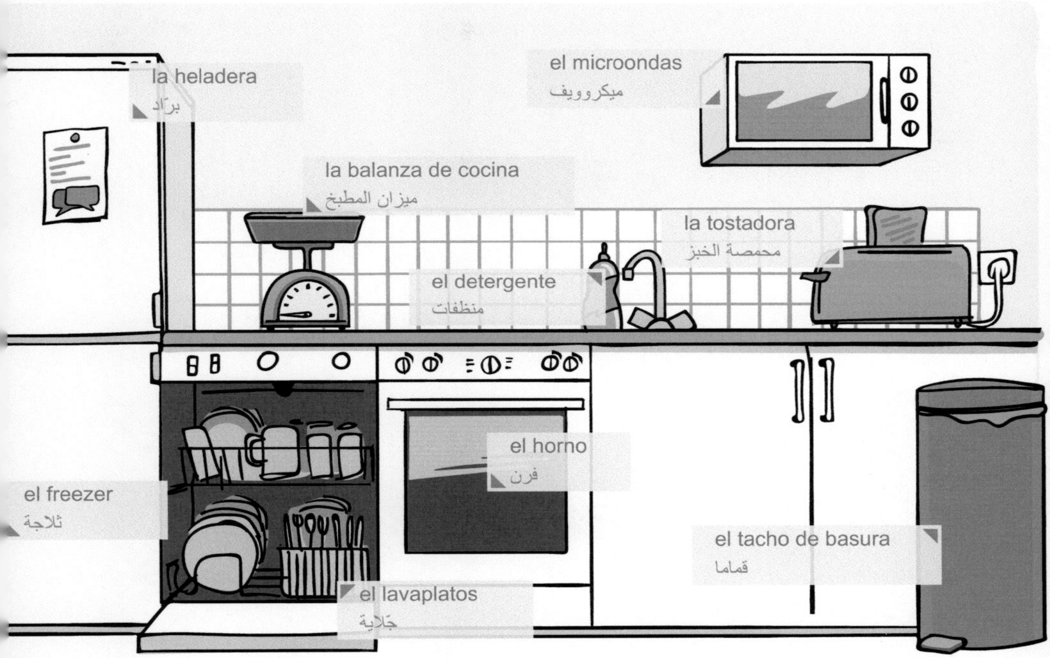

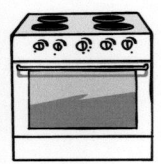

la cocina

موقد

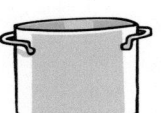

la olla

قِدر

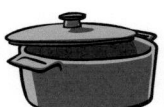

la olla de hierro fundido

وعاء من الحديد

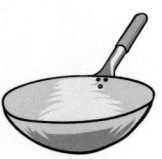

el wok

قدر صيني

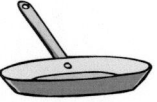

la sartén

مقلاة

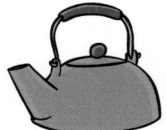

la pava

غلاية

la vaporera

قدر البخار

la bandeja de horno

صينية

la vajilla

أواني

la taza

فنجان

el bol

صحن

los palitos

عيدان الأكل

el cucharón

مغرفة

la espátula

ملعقة منبسطة

la batidora

خفاقة

el colador

مصفاة

el colador

مصفاة

el rallador

مبشرة

el mortero

هاون

la parrilla

شواء

la fogata

موقد

la tabla de picar

لوح التقطيع

el palo de amasar

نشّابة

el sacacorchos

مفتاح الزجاجات

la lata

علبة

el abrelatas

مفتاح العلب المعدنية

la manopla

قماش الفرن

la pileta

مجلى

el cepillo

فرشاة

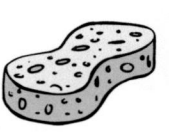

la esponja

إسفنج

la batidora

خلاط

el congelador

مجمّدة

la mamadera

زجاجة الطفل

la canilla

صنبور الماء

el baño

الحمّام

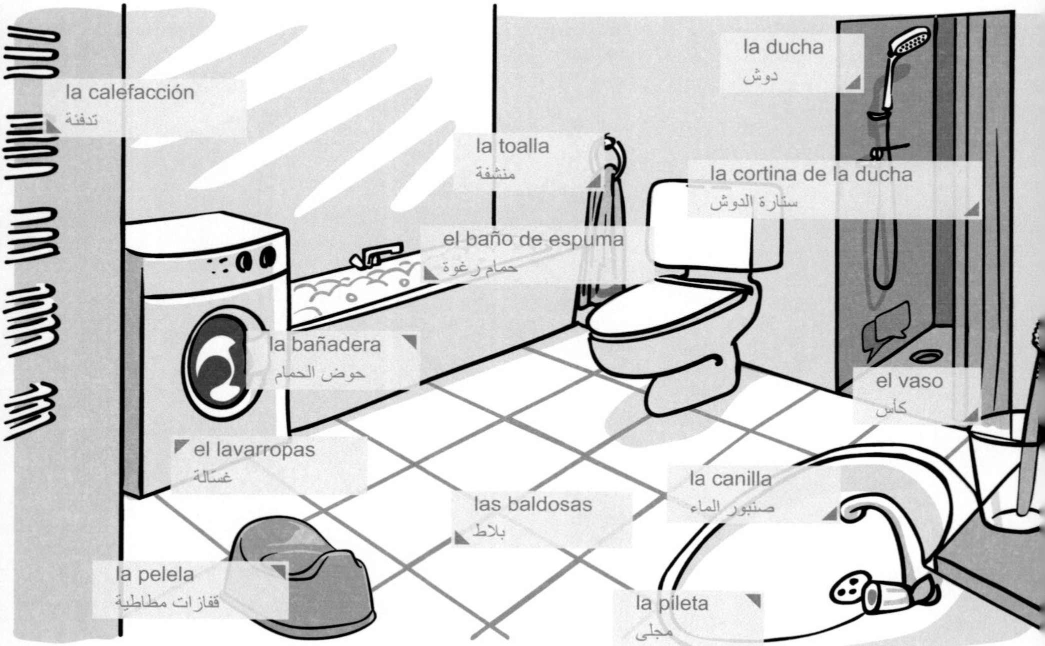

la calefacción
تدفئة
la ducha
دوش
la toalla
منشفة
la cortina de la ducha
ستارة الدوش
el baño de espuma
حمام رغوة
la bañadera
حوض الحمام
el vaso
كأس
el lavarropas
غسّالة
la canilla
صنبور الماء
las baldosas
بلاط
la pelela
قفازات مطاطية
la pileta
مجلى

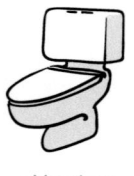

el inodoro

حمام

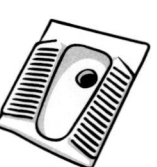

la letrina

مرحاض القرفصاء

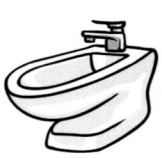

el bidé

حوض التشطيف

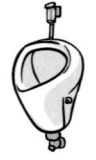

el mingitorio

مبولة

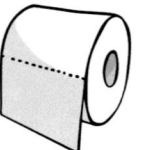

el papel higiénico

ورق المرحاض

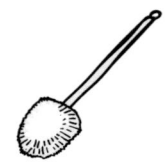

el cepillo para el inodoro

فرشاة الحمام

el cepillo de dientes

فرشاة الأسنان

el dentífrico

معجون الأسنان

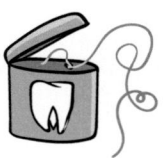

el hilo dental

خيط حرير لتنظيف الأسنان

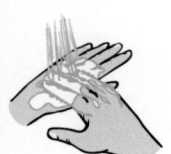

lavar

يغسل

la ducha de mano

رشاش ماء يدوي

la ducha higiénica

شطاف

la palangana

حوض الغسيل

el cepillo para la espalda

فرشاة الظهر

el jabón

صابون

el gel de ducha

جيل الدوش

el shampoo

شامبو

la toallita

ممسحة

el desagüe

مصرف للماء

la crema

مرهم

el desodorante

مزيل الروائح

el espejo

مرآة

el espejito

مرآة يد

la maquinita de afeitar

موس حلاقة

la espuma de afeitar

رغوة الحلاقة

el aftershave

كولونيا

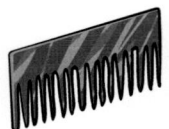

el peine

مشط

el cepillo

فرشاة

el secador de pelo

سشوار

el spray

مثبت للشعر

el maquillaje

ماكياج

el lápiz de labios

روج

el esmalte para uñas

طلاء أظافر

el algodón

قطن

la tijera para uñas

مقص أظافر

el perfume

عطر

el portacosméticos

سلّة الغسيل

la banqueta

مقعد صغير

la balanza

ميزان

la bata

معطف الحمام

los guantes de goma

قفازات مطاطية

el tampón

سدادة قطنية

la toallita femenina

منشقة صحية

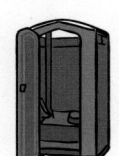

el baño químico

تواليت كيميائية

el cuarto de los chicos
غرفة الأطفال

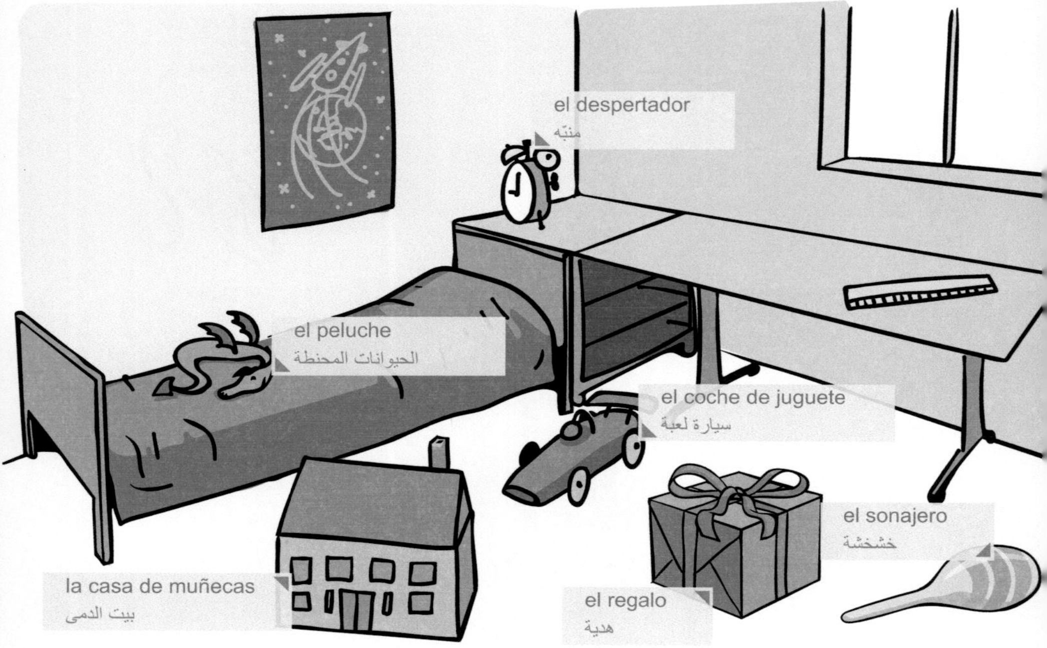
el despertador
منبه
el peluche
الحيوانات المحنطة
el coche de juguete
سيارة لعبة
el sonajero
خشخشة
la casa de muñecas
بيت الدمى
el regalo
هدية

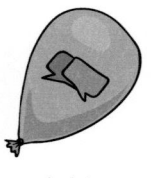

el globo

بالون

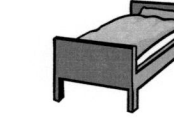

la cama

سرير

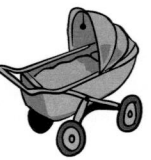

el cochecito

عربة الأطفال

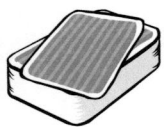

las cartas

لعبة الورق

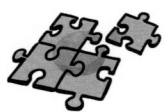

el rompecabezas

أحجية

SUPER
MEGA

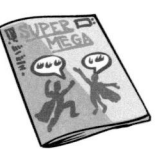

la historieta

رسوم هزلية

las piezas de lego

أحجار الليغو

los ladrillos de juguete

حجارة تركيب

la figura de acción

دمية بطل

el enterito (de bebé)

لباس الطفل

el frisbee

فريسبي

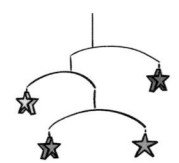

el móvil para bebés

دمية معلقة

el juego de mesa

لعبة الطاولة

los dados

لعبة النرد

el tren eléctrico

لعبة قطار

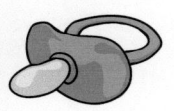

el chupete

مصّاصة

la fiesta

حفلة

el libro de cuentos ilustrado

كتاب مصوّر

la pelota

كرة

la muñeca

دمية

jugar

يلعب

el arenero

ملعب رملي للأطفال

la hamaca

أرجوحة

los juguetes

لعبة

la consola de videojuegos

ألعاب فيديو

el triciclo

دراجة ثلاثية

el osito de peluche

دمية على شكل الدب

el armario

خزانة الثياب

la ropa

ثياب

las medias

جوارب قصيرة

las medias panty

جوارب طويلة

las calzas

جورب بنطلون

la bufanda
شال

el paraguas
شمسية

la remera
تي شيرت

el cinturón
حزام

las botas
حذاء شتوي

las pantuflas
شبشب

las zapatillas
أحذية رياضية

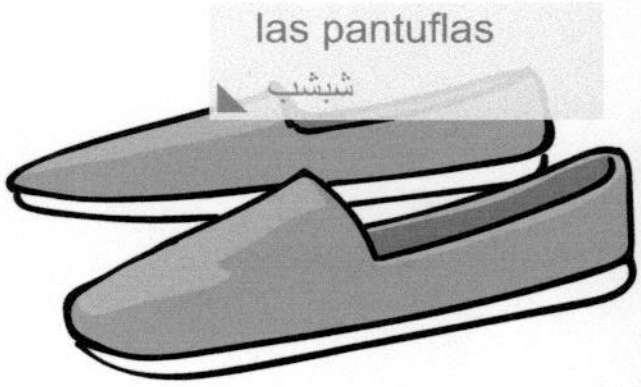

las sandalias
صندل

los zapatos
حذاء

las botas de goma
جزمة كاوتشوك

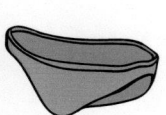
la ropa interior
سروال داخلي

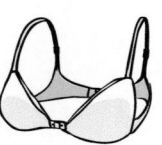
el corpiño
صدّارة

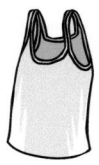
el chaleco
قميص داخلي

el body

لباس ملاصق للجسم

los pantalones

بنطلون

los jeans

جينز

la pollera

تنورة

la blusa

بلوزة

la camisa

قميص

el pulóver

سترة قطنية

el buzo

كنزة كم طويل

el blazer

سترة فضفاضة

la campera

سترة

el tapado

معطف

el piloto

معطف مطري

el traje

زي - طقم نسائي

el vestido

ثوب

el vestido de novia

ثوب الزفاف

el traje

طقم

el camisón

قميص نوم

el pijama

بيجاما

el sari

ساري

el pañuelo para la cabeza

حجاب

el turbante

عمامة

la burka

برقع

el caftán

قفطان

la abaya

عباءة

el traje de baño

مايوه

el short de baño

سروال سباحة

los shorts

شرت

el jogging

بدلة رياضية

el delantal

منزر

los guantes

ققازات

el botón

زر

los anteojos

نظّارة

la pulsera

إسوارة

el collar

عقد

el anillo

خاتم

el aro

قرط

la gorra

طاقيّة

la percha

علاقة ثياب

el sombrero

قبّعة

la corbata

ربطة العنق

el cierre

سحّاب

el casco

خوذة

los tiradores

حمّالة البنطلون

el uniforme escolar

اللّباس المدرسي

el uniforme

زي موحّد

el babero
مريلة الأطفال

el chupete
مصّاصة

el pañal
لفافة

la oficina

مكتب

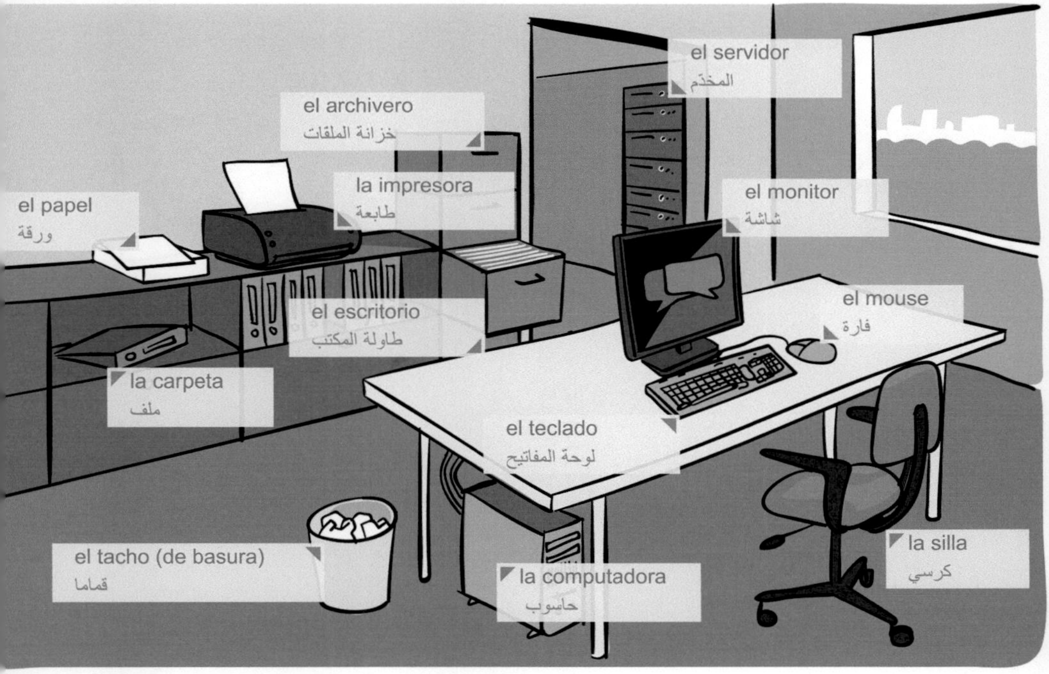

el servidor
المخدّم

el archivero
خزانة الملفّات

la impresora
طابعة

el monitor
شاشة

el papel
ورقة

el mouse
فأرة

el escritorio
طاولة المكتب

la carpeta
ملف

el teclado
لوحة المفاتيح

la silla
كرسي

el tacho (de basura)
قماما

la computadora
حاسوب

la taza de café
كأس من القهوة

la calculadora
الآلة الحاسبة

el internet
الإنترنت

la laptop

الحاسوب المحمول

la carta

رسالة

el mensaje

خبر

el celular

الهاتف المحمول

la red

شبكة

la fotocopiadora

جهاز تصوير

el software

البرمجيات

el teléfono

هاتف

el tomacorriente

مقبس كهربائي

el fax

فاكس

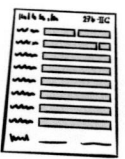

el formulario

استمارة

el documento

وثيقة

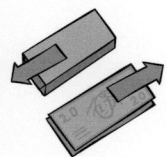

comprar

يشتري

pagar

يدفع

hacer negocios

يتاجر

el dinero

مال

el dólar

دولار

el euro

يورو

el yen

ين

el rublo

روبل

el franco suizo

فرنك سويسري

el yuan

يوان

la rupia

روبية

el cajero automático

صرّاف آلي

la casa de cambio

مكتب صرافة

el oro

ذهب

la plata

فضة

el petróleo

نفط

la energía

طاقة

el precio

سعر

el contrato

عقد

el impuesto

ضريبة

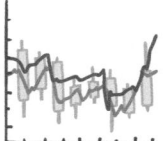

la acción

سهم

trabajar

يعمل

el empleado

موظف

el empleador

رب العمل

la fábrica

مصنع

el negocio

متجر

el policía
الشرطي

el bombero
رجل إطفاء

el cocinero
طبّاخ

el médico
الطبيب

el piloto
طيّار

el jardinero

بستاني

el carpintero

نجّار

la modista

خيّاطة

el juez

قاضٍ

el farmacéutico

كيميائي

el actor

ممثّل

el colectivero

سائق حافلة

el taxista

سائق تاكسي

el pescador

صياد سمك

la mucama

أجيرة للتنظيف

el techista

بنّاء سقف

el mozo

نادل

el cazador

صيّاد

el pintor

رسّام

el panadero

خبّاز

el electricista

كهربائي

el albañil

عامل بناء

el ingeniero

مهندس

el carnicero

لحّام

el plomero

سمكري

el cartero

ساعي البريد

el soldado

جندي

el arquitecto

مهندس معماري

el cajero

أمين صندوق

el florista

بائع الزهور

el peluquero

حلاق

el cobrador

مراقب القطار

el mecánico

ميكانيكي

el capitán

قبطان

el dentista

طبيب أسنان

el científico

رجل العلم

el rabino

حاخام

el imán

إمام

el monje

راهب

el sacerdote

كاهن

las herramientas

عدة عمل

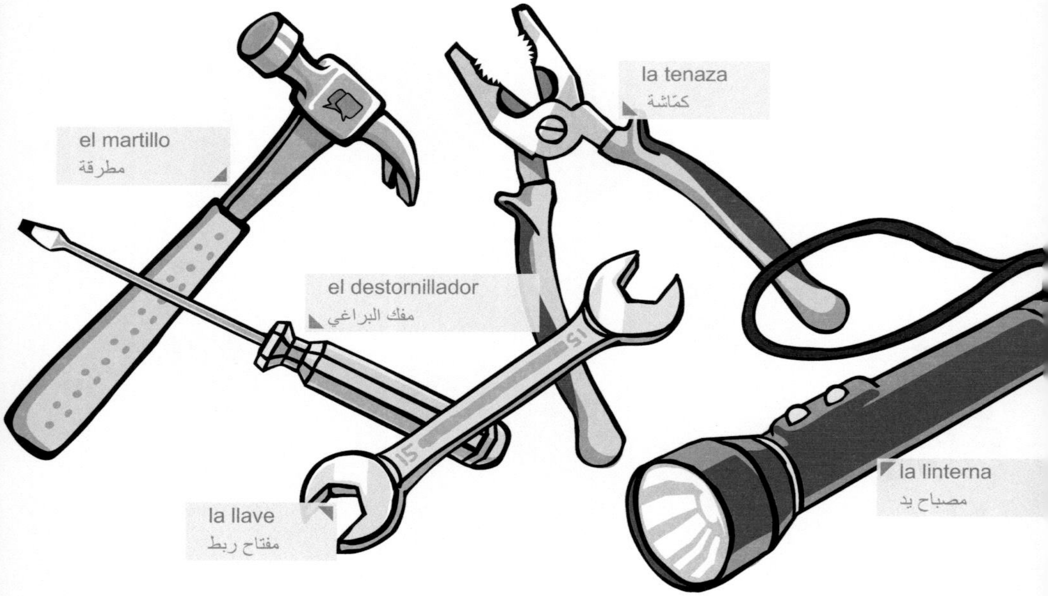

la tenaza
كمّاشة
el martillo
مطرقة
el destornillador
مفك البراغي
la linterna
مصباح يد
la llave
مفتاح ربط

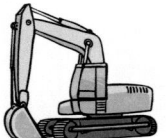

la excavadora

جرافة

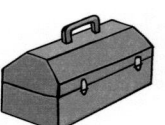

la caja de herramientas

صندوق العدة

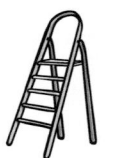

la escalera portátil

سلّم

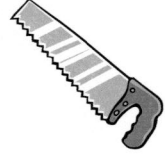

la sierra

منشار

los clavos

مسامير

el taladro

مثقب

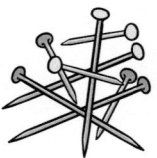

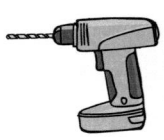

arreglar

يصلح

la pala de jardín

مجرفة

¡Qué bronca!

اللعنة

la pala de plástico

لقاطة الكناسة

el tacho de pintura

سطل الألوان

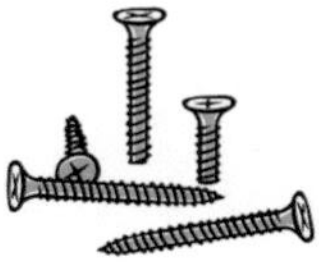

los tornillos

براغي

los instrumentos musicales

آلات موسيقية

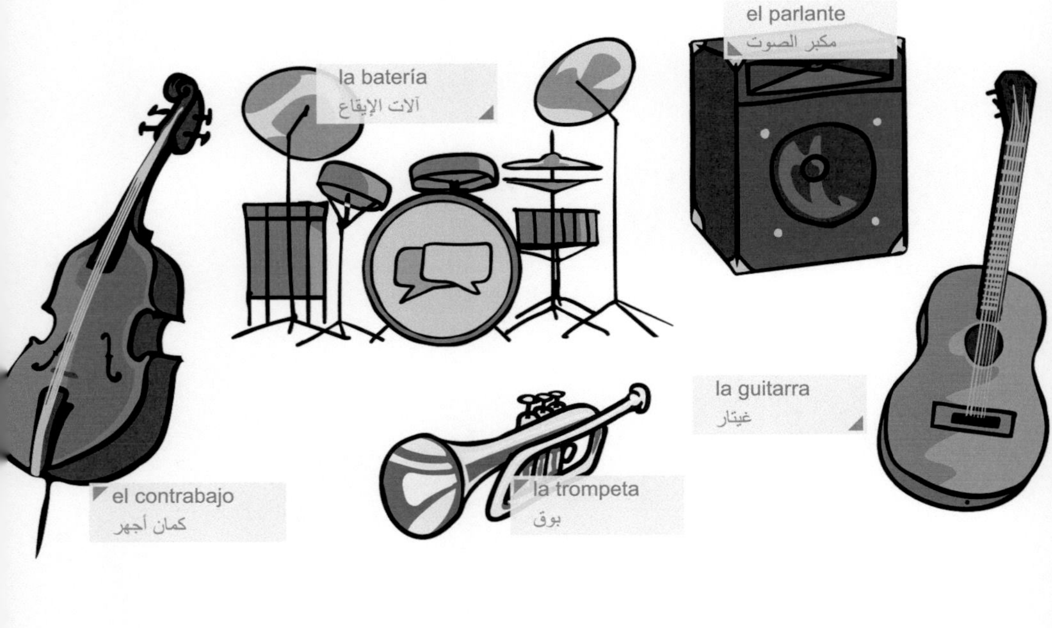

el parlante
مكبر الصوت

la batería
آلات الإيقاع

la guitarra
غيتار

el contrabajo
كمان أجهر

la trompeta
بوق

el piano

بيانو

el violín

كمنجة

el bajo

جهير

los timbales

طبل كبير

el tambor

طبل

el teclado

بيانو كهربائي

el saxofón

ساكسوفون

la flauta

ناي

el micrófono

ميكروفون

el zoológico
حديقة حيوانات

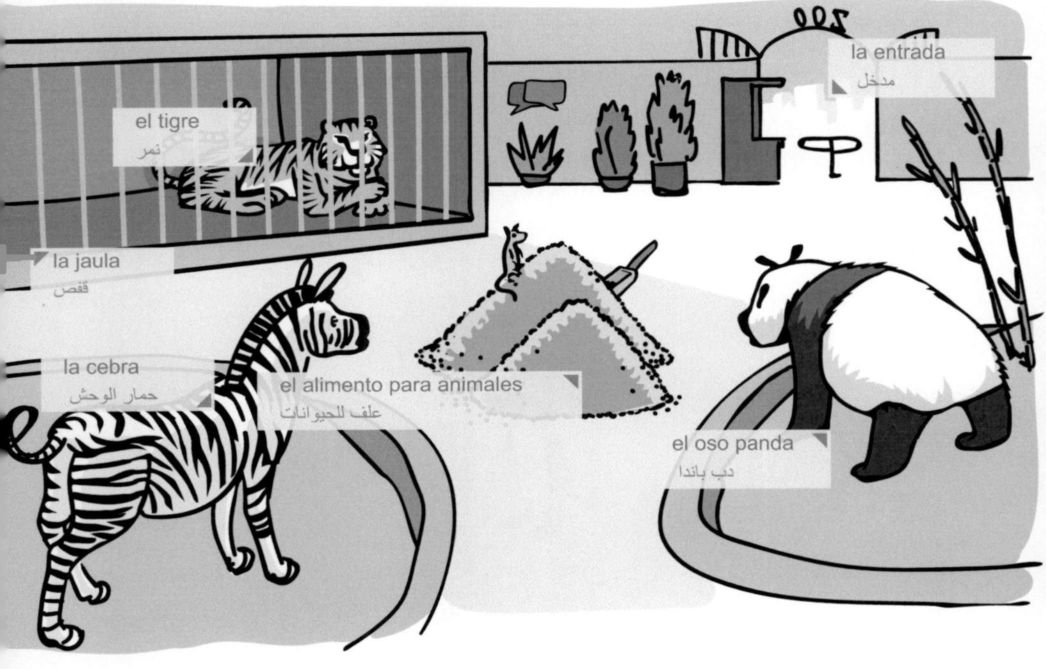

la entrada
مدخل
el tigre
نمر
la jaula
قفص
la cebra
حمار الوحش
el alimento para animales
علف للحيوانات
el oso panda
دب باندا

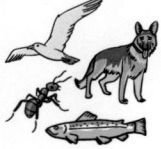

los animales

حيوانات

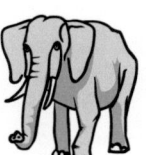

el elefante

فيل

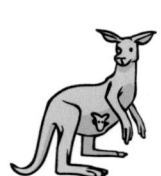

el canguro

كنغر

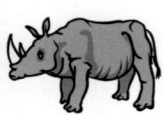

el rinoceronte

وحيد القرن

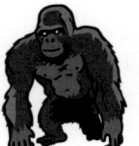

el gorila

غوريلا

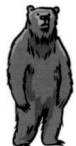

el oso

دب

el camello

جمل

el avestruz

نعامة

el león

أسد

el mono

قرد

el flamenco

طائر فلامينغو

el loro

ببغاء

el oso polar

دب قطبي

el pingüino

بطريق

el tiburón

سمك القرش

el pavo real

طاووس

la serpiente

أفعى

el cocodrilo

تمساح

el cuidador del zoológico

حارس في حديقة الحيوان

la foca

عجل البحر

el jaguar

نمر أمريكي مرقط

el poni

فرس قزم

el leopardo

نمر

el hipopótamo

فرس النهر

la jirafa

زرافة

el águila

نسر

el jabalí

خنزير برّي

el pescado

سمك

la tortuga

سلحفاة

la morsa

حيوان فظ البحري

el zorro

ثعلب

la gacela

غزال

el fútbol americano
كرة القدم الأمريكية

el ciclismo
ركوب الدراجات

el tenis
كرة التنس

el básquet
كرة السلة

la natación
السباحة

el boxeo
الملاكمة

el hockey sobre hielo
هوكي الجليد

el fútbol

كرة القدم

el bádminton

الريشة الطائرة

el atletismo

ألعاب القوى الخفيفة

el handball

كرة اليد

el esquí

التزلج على الثلج

el polo

بولو

las actividades
نشاطات

reír
يضحك
saltar
يقفز
abrazar
يعانق
caminar
يمشي
cantar
يغنّي
soñar
يحلم
rezar
يصلّي
besar
يقبل

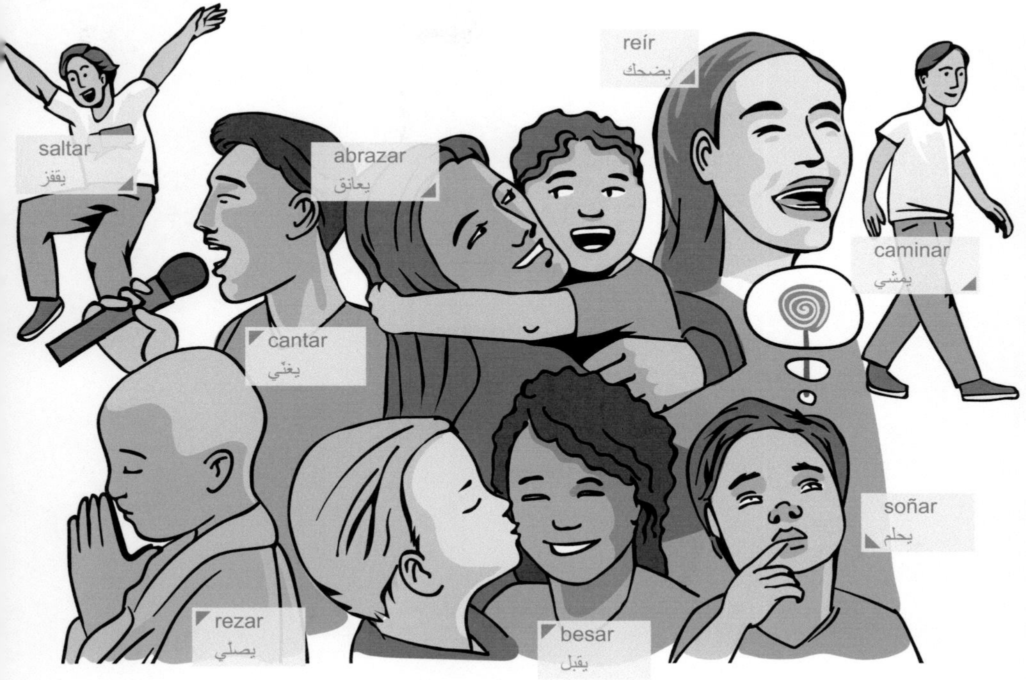

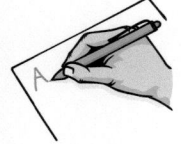

escribir

يكتب

dibujar

يرسم

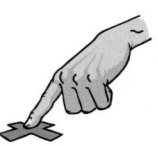

mostrar

يُري

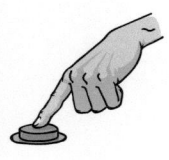

presionar

يدفع

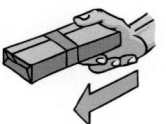

dar

يعطي

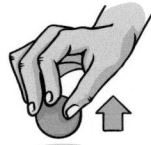

tomar

يأخذ

tener

يملك

hacer

يعمل

ser

يوجد

estar parado

يقِف

correr

يركض

tirar

يسحب

tirar

يرمي

caer

يقع

estar acostado

يستلقي

esperar

ينتظر

llevar

يحمل

estar sentado

يجلس

vestirse

يلبس

dormir

ينام

despertar

يستيقظ

mirar

ينظر إلى ..

llorar

يبكي

acariciar

يمسّد

peinar

يمشّط

hablar

يتكلم

entender

يفهم

preguntar

يسأل

escuchar

يسمع

beber

يشرب

comer

يأكل

ordenar

يرتب

amar

يحب

cocinar

يطبخ

manejar

يقود

volar

يطير

navegar

يبحر بزورق شراعي

calcular

يحسب

leer

يقرأ

aprender

يتعلم

trabajar

يعمل

casarse

يتزوج

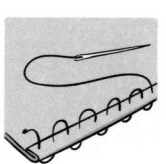

coser

يخيط

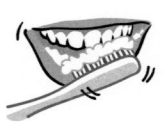

cepillarse los dientes

ينظف أسنانه

matar

يقتل

fumar

يدخّن

enviar

يرسل

la familia

عائلة

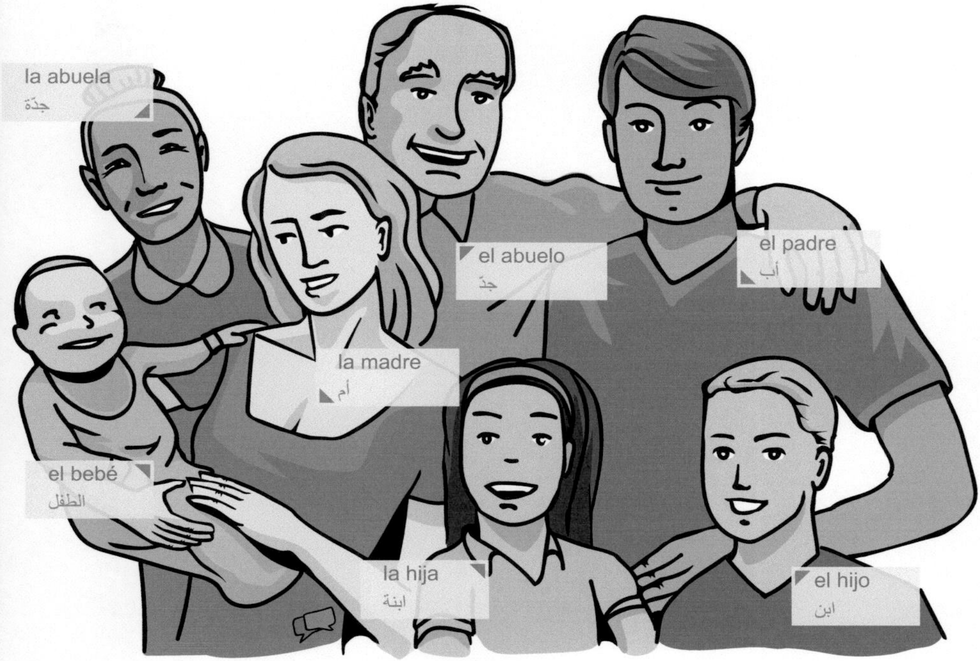

la abuela
جدّة
el abuelo
جدّ
el padre
أب
la madre
أم
el bebé
الطفل
la hija
ابنة
el hijo
ابن

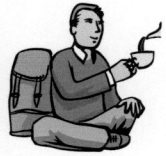

el invitado

ضيف

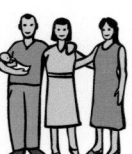

la tía

عمّة / خالة

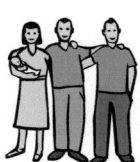

el tío

عمّ / خال

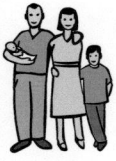

el hermano

أخ

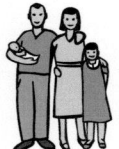

la hermana

أخت

el cuerpo

الجسم

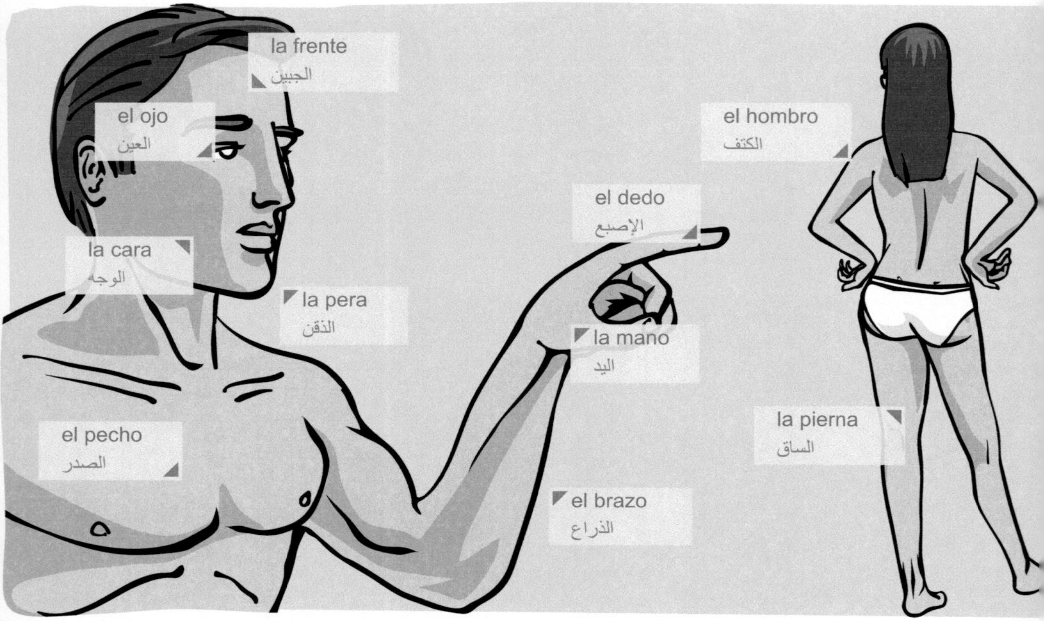

la frente
الجبين
el ojo
العين
el hombro
الكتف
el dedo
الإصبع
la cara
الوجه
la pera
الذقن
la mano
اليد
la pierna
الساق
el pecho
الصدر
el brazo
الذراع

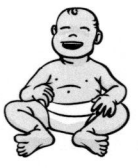

el bebé

الطفل

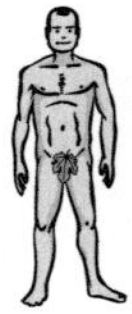

el hombre

الرجل

la mujer

المرأة

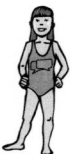

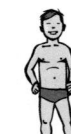

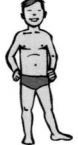

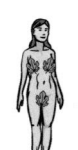

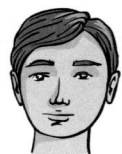

la nena

البنت

el nene

الولد

la cabeza

الرأس

la espalda

الظهر

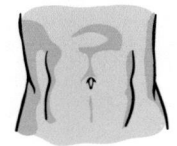

la panza

البطن

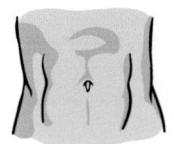

el ombligo

السرّة

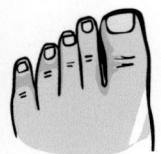

el dedo del pie

إصبع القدم

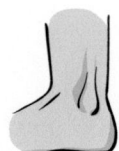

el talón

الكعب

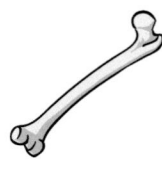

el hueso

العظم

la cadera

الورك

la rodilla

الركبة

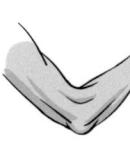

el codo

المرفق

la nariz

الأنف

la cola

العجُز

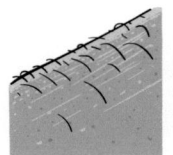

la piel

البشرة

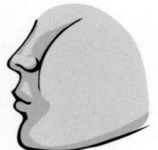

el cachete

الخد

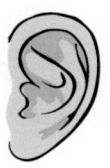

la oreja

الأذن

el labio

الشفة

la boca

الفم

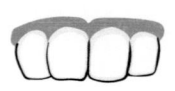

el diente

السن

la lengua

اللسان

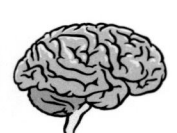

el cerebro

الدماغ

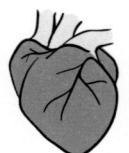

el corazón

القلب

el músculo

العضلة

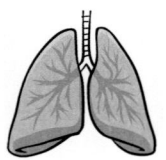

el pulmón

الرئة

el hígado

الكبد

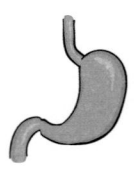

el estómago

المعدة

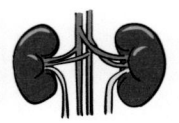

los riñones

الكلى

el sexo

الاتصال الجنسي

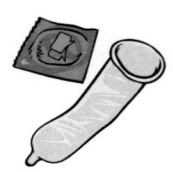

el preservativo

الواقي المطاطي

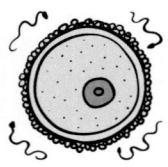

el óvulo

البويضة

el semen

المنيّ

el embarazo

الحمل

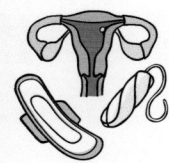

la menstruación

الحيض

la vagina

المهبل

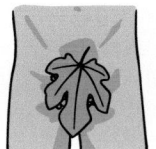

el pene

القضيب

la ceja

الحاجب

el pelo

الشعر

el cuello

الرقبة

el hospital
المستشفى

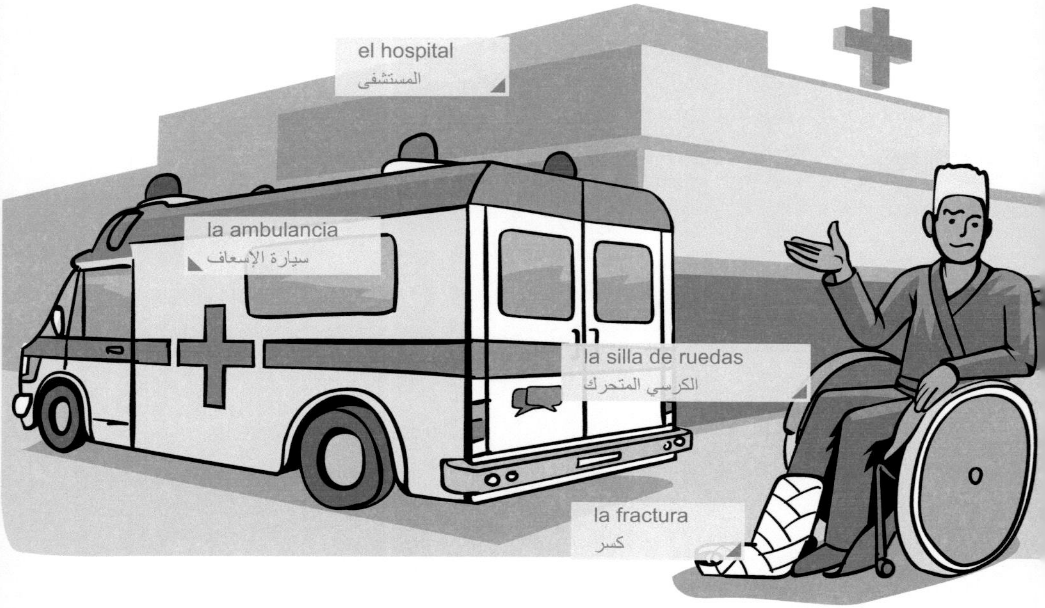

el hospital
المستشفى
la ambulancia
سيارة الإسعاف
la silla de ruedas
الكرسي المتحرك
la fractura
كسر

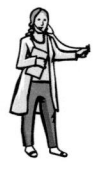

el médico

الطبيب

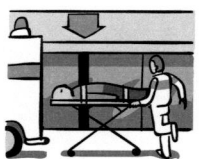

la sala de guardia

غرفة الإسعاف

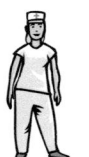

la enfermera

الممرضة

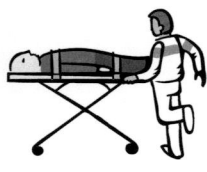

la emergencia

حالة

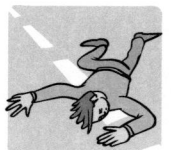

inconsciente

مغمى عليه

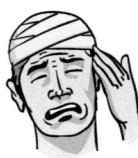

el dolor

الألم

la lesión

إصابة

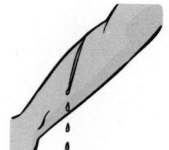

la hemorragia

النزيف

el infarto

احتشاء القلب

el ACV

جلطة

la alergia

حسسية

la tos

السعال

la fiebre

الحُمّى

la gripe

إنفلونزا

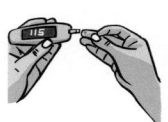

la diarrea

الإسهال

el dolor de cabeza

وجع الرأس

el cáncer

السرطان

la diabetes

مرض السكر

el cirujano

جرّاح

el bisturí

مبضع

la operación

عملية

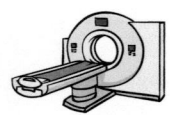

la TC

سيتي سكان

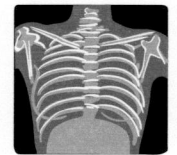

los rayos x

الأشعة السينية

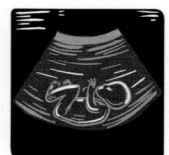

la ecografía

فوق الصوتي

el barbijo

القناع

la enfermedad

المرض

la sala de espera

غرفة الانتظار

la muleta

العُكاز

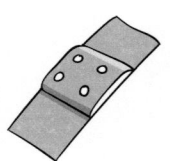

la curita

شريط لاصق

la venda

ضماد

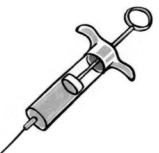

la inyección

حقنة

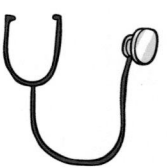

el estetoscopio

سمّاعة الطبيب

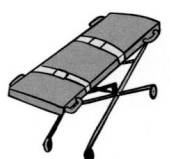

la camilla

نقالة

el termómetro

ميزان حرارة

el nacimiento

ولادة

el sobrepeso

وزن زائد

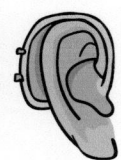

el audífono

جهاز السمع

el desinfectante

المواد المعقمة

la infección

عدوى

el virus

فيروس

el VIH / SIDA

الإيدز

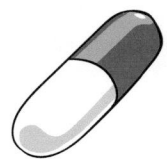

el remedio

الطب

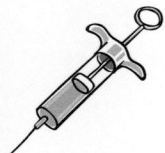

la vacunación

اللقاح

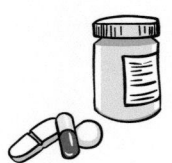

los comprimidos

أقراص الدواء

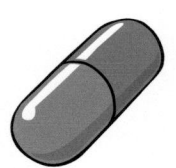

la pastilla anticonceptiva

حبّة الدواء

a llamada de emergencia

نداء النجدة

el tensiómetro

مقياس ضغط الدم

enfermo / sano

مريض / صحيح

¡Ayuda!

النجدة!

la alarma

إنذار

la agresión

اعتداء

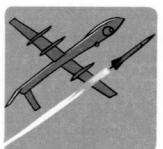

el ataque

هجوم

el peligro

خطر

la salida de emergencia

مخرج طوارئ

¡Fuego!

حريق!

el matafuego

جهاز الإطفاء

el accidente

حادث

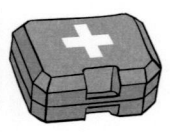

el botiquín de primeros auxilios

حقيبة الإسعاف الأولي

el SOS

أنقذونا

la policía

الشرطة

Europa

أوروبا

América del Norte

أمريكا الشمالية

América del Sur

أمريكا الجنوبية

África

أفريقيا

Asia

آسيا

Australia

أستراليا

el Atlántico

المحيط الأطلسي .

el Pacífico

المحيط الهادي

el Océano Índico

المحيط الهندي

el Océano Antártico

المحيط المتجمد الجنوبي

el Océano Ártico

المحيط المتجمد الشمالي

el polo norte

القطب الشمالي

el polo sur

القطب الجنوبي

la Antártida

منطقة القطب الجنوبي

la Tierra

أرض

la tierra

بر

el mar

بحر

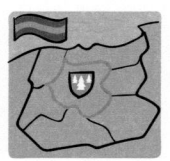

la isla

جزيرة

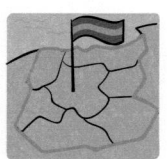

la nación

أمة

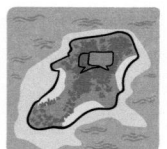

el estado

دولة

la esfera

ميناء الساعة

la manecilla de las horas

عقرب الساعات

el minutero

عقرب الدقائق

el segundero

عقرب الثواني

¿Qué hora es?

كم الساعة الآن؟

el día

يوم

la hora

زمن

ahora

الآن

el reloj digital

ساعة رقمية

el minuto

دقيقة

la hora

ساعة

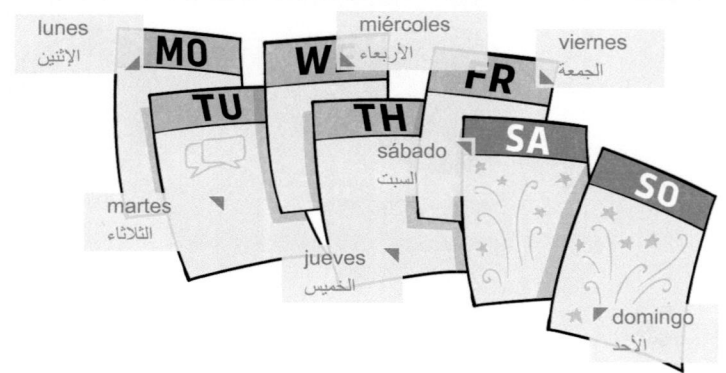

lunes
الإثنين

martes
الثلاثاء

miércoles
الأربعاء

jueves
الخميس

viernes
الجمعة

sábado
السبت

domingo
الأحد

ayer

الأمس

hoy

اليوم

mañana

غدا

la mañana

الصباح

el mediodía

الظهر

la tarde

المساء

MO	TU	WE	TH	FR	SA	SU
1	2	3	4	5	6	7
8	9	10	11	12	13	14
15	16	17	18	19	20	21
22	23	24	25	26	27	28
29	30	31	1	2	3	4

los días hábiles

أيام العمل

MO	TU	WE	TH	FR	SA	SU
1	2	3	4	5	6	7
8	9	10	11	12	13	14
15	16	17	18	19	20	21
22	23	24	25	26	27	28
29	30	31	1	2	3	4

el fin de semana

نهاية الأسبوع

la lluvia
مطر

el arco iris
قوس قزح

la nieve
ثلج

el viento
ريح

la primavera
الربيع

el otoño
الخريف

el verano
الصيف

el invierno
الشِّتاء

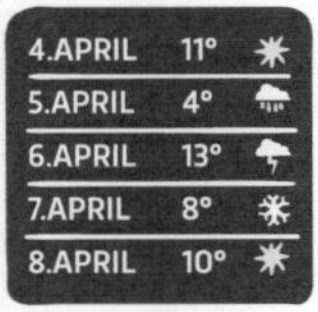

4.APRIL	11°	☀
5.APRIL	4°	🌧
6.APRIL	13°	⛈
7.APRIL	8°	☀
8.APRIL	10°	☀

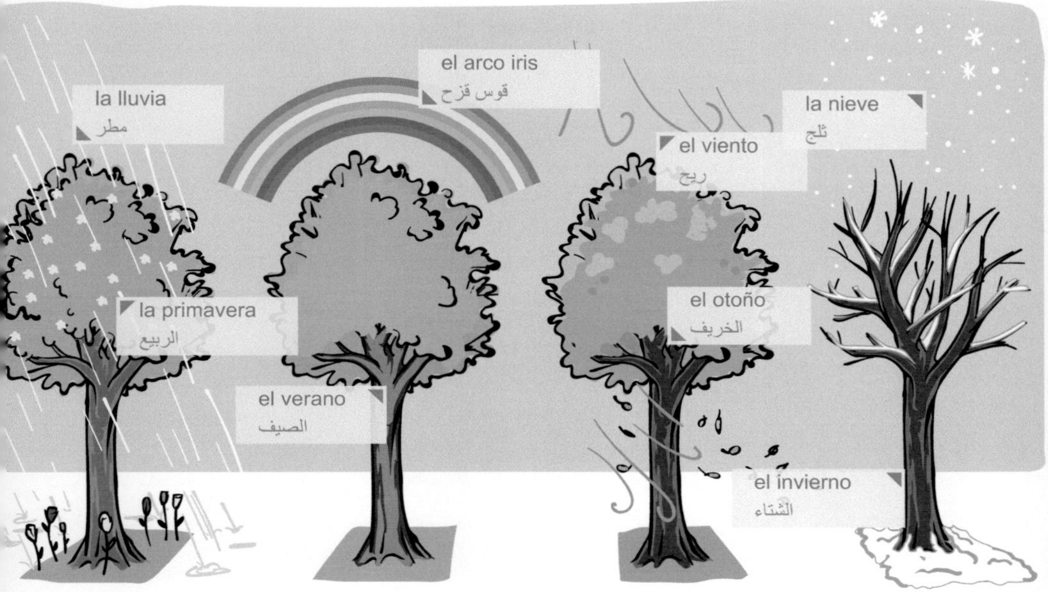

pronóstico meteorológico

التنبّؤ بالحالة الجوية

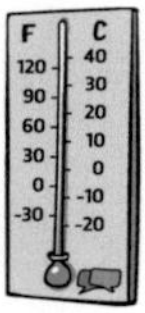

el termómetro

مقياس حرارة

la luz del sol

ضوء الشمس

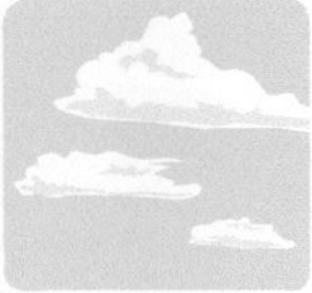

la nube

سحابة

la niebla

ضباب

la humedad

رطوبة الجو

el rayo

برق

el trueno

رعد

la tormenta

عاصفة

el granizo

بَرَد

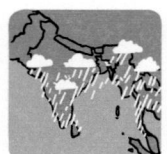

el monzón

ريح موسمية

la inundación

طوفان

el hielo

جليد

enero

كانون الثاني / يناير

febrero

شباط / فبراير

marzo

آذار / مارس

abril

نيسان / أبريل

mayo

أيار / مايو

junio

حزيران / يونيو

julio

تموز / يوليو

agosto

آب / أغسطس

septiembre

أيلول / سبتمبر

octubre

تشرين الأول / أكتوبر

noviembre

تشرين الثاني / نوفمبر

diciembre

كانون الأول / ديسمبر

las formas

أشكال

el círculo

دائرة

el cuadrado

مربّع

el rectángulo

مستطيل

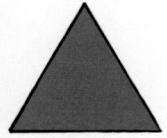

el triángulo

مثلّث

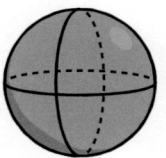

la esfera

كرة

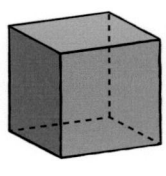

el cubo

مكعب

blanco

أبيض

amarillo

أصفر

naranja

برتقالي

rosa

وردي

rojo

أحمر

violeta

بنفسجي

azul

أزرق

verde

أخضر

marrón

بُني

gris

رمادي

negro

أسود

mucho / poco

كثير / قليل

enojado / tranquilo

غضبان / هادئ

lindo / feo

جميل / قبيح

el principio / el fin

بداية / نهاية

grande / chico

كبير / صغير

claro / oscuro

فاتح / قاتم

el hermano / la hermana

أخ / أخت

limpio / sucio

نظيف / وسخ

completo / incompleto

كامل / ناقص

el día / la noche

نهار / ليل

muerto / vivo

ميّت / حيّ

ancho / angosto

عريض / ضيّق

comestible / no comestible
·············
صالح للأكل / غير صالح

malo / amable
·············
شرّير / لطيف

entusiasmado / aburrido
·············
مثير / ممل

gordo / flaco
·············
سمين / نحيف

primero / último
·············
أولاً / أخيراً

el amigo / el enemigo
·············
صديق / عدو

lleno / vacío
·············
مليء / فارغ

duro / blando
·············
صلب / لَيّن

pesado / liviano
·············
ثقيل / خفيف

el hambre / la sed
·············
جوع / عطش

enfermo / sano
·············
مريض / صحيح

ilegal / legal
·············
غير شرعي / شرعي

inteligente / estúpido
·············
ذكي / غبي

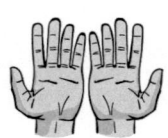

izquierda / derecha
·············
يسار / يمين

cerca / lejos
·············
قريب / بعيد

nuevo / usado

جديد / مستعمل

nada / algo

لا شيء / بعض الشيء

viejo / joven

مسين / شاب

encendido / apagado

يشعل / يطفئ

abierto / cerrado

مفتوح / مغلق

silencioso / ruidoso

خافت / عالٍ

rico / pobre

غني / فقير

correcto / incorrecto

صح / خطأ

áspero / suave

أحرش / املس

triste / contento

حزين / سعيد

corto / largo

قصير / طويل

lento / rápido

بطيء / سريع

mojado / seco

مبلول / جاف

caliente / frío

ساخن / بارد

guerra / paz

حرب / سلم

0

cero

صفر

1

uno

واحد

2

dos

اثنان

3

tres

ثلاثة

4

cuatro

أربعة

5

cinco

خمسة

6

seis

ستة

7

siete

سبعة

8

ocho

ثمانية

9

nueve

تسعة

10

diez

عشرة

11

once

أحد عشر

12
doce

اثنا عشر

13
trece

ثلاثة عشر

14
catorce

أربعة عشر

15
quince

خمسة عشر

16
dieciséis

ستة عشر

17
diecisiete

سبعة عشر

18
dieciocho

ثمانية عشر

19
diecinueve

تسعة عشر

20
veinte

عشرون

100
cien

مائة

1.000
mil

ألف

1.000.000
el millón

مليون

el inglés

الإنكليزية

el inglés americano

الإنكليزية الأمريكية

el chino mandarín

لغة ماندارين الصينية

el hindi

الهندية

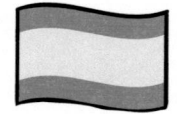

el español

الإسبانية

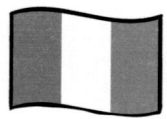

el francés

الفرنسية

el árabe

العربية

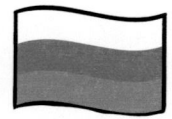

el ruso

الروسية

el portugués

البرتغالية

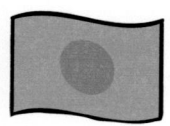

el bengalí

البنغالية

el alemán

الألمانية

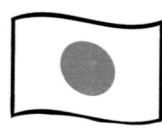

el japonés

اليابانية

yo

أنا

vos

أنت

él / ella

هو / هي

nosotros

نحن

ustedes

أنتم

ellos

هم

¿quién?

من؟

¿qué?

ماذا؟

¿cómo?

كيف؟

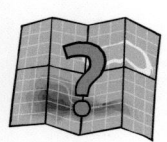

¿dónde?

أين؟

¿cuándo?

متى؟

el nombre

اسم

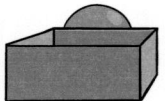

detrás

خلف

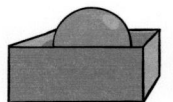

en

في

adelante de

أمام

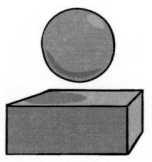

por encima de

فوق

sobre

على

debajo de

تحت

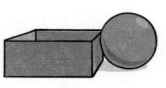

al lado de

جنب

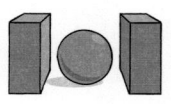

entre

بين

el lugar

مكان